LETTRE

DE

THOMAS PAINE

AU PEUPLE FRANÇAIS,

SUR LA JOURNÉE DU 18 FRUCTIDOR. *au V.*

———

A PARIS,

IMPRIMERIE-LIBRAIRIE DU CERCLE-SOCIAL,
rue du Théâtre-Français, n°. 4.

———

AN VI DE LA RÉPUBLIQUE.
(1797.)

THOMAS PAINE
AU PEUPLE FRANÇAIS,
ET A SES ARMÉES,

SUR LA JOURNÉE DU 18 FRUCTIDOR.

QUAND une mesure extraordinaire, qui n'est point garantie par le code constitutionnel déjà établi, et qu'on ne peut justifier que par la loi suprême de l'absolue nécessité, vient tout-à-coup nous surprendre, il faut alors, pour s'en former une juste idée, reporter nos recherches aux tems qui l'ont précédée et qui l'ont occasionnée. Ainsi donc, pour remonter aux véritables causes du 18 fructidor, il faut examiner quel étoit l'état des affaires avant cet événement. Je commencerai par l'établissement de la constitution de l'an trois.

La sagesse humaine n'a point encore offert de constitution mieux *organisée*. Elle est, dans son organisation, exempte de tous les vices et de tous les défauts qui dénaturent plus ou moins les autres formes de Gouvernement. Je parlerai d'abord du Corps législatif, parce que la législature est, dans

l'ordre naturel des choses, le premier pouvoir : l'exécutif est le premier magistrat.

En organisant le Corps législatif en deux divi-
sions, comme on l'a fait, dans la constitution française ;
l'une (le Conseil des Cinq-Cents) pour concevoir
et proposer les lois ; et l'autre un Conseil des Anciens
qui revoit, approuve ou rejette les lois proposées ;
on a toute la sécurité qui peut naître du calme de
la réflexion et des lumières de l'expérience, agissant
sur la précipitation ou l'enthousiasme. Concevoir
et imaginer, c'est beaucoup sans doute ; mais il est
rare que notre première pensée , sur quelque sujet
que ce soit, se trouve suffisamment juste.

Le renouvellement de la législature par tiers chaque
année, quoique, dans la théorie ou dans la pratique,
ce ne soit pas une idée entièrement neuve, c'est
néanmoins une découverte, et encore un pas vers la
science du Gouvernement qu'on doit à nos temps
modernes. C'est empêcher, d'un côté, ces changemens
convulsifs qui peuvent bouleverser une nation et
son Gouvernement quand sa législature toute entière
disparoît, et qu'une législature toute neuve la rem-
place. C'est aussi empêcher l'intérêt personnel , de
tenter une législature toute entière, qui voit expirer
à-la-fois le terme de sa durée, d'usurper le droit de
se continuer. Parlons maintenant de l'exécutif.

C'est un principe avoué par la raison, que toutes
les parties dont le Gouvernement est composé,
doivent être tellement construites, qu'elles soient dans
une maturité perpétuelle : nous ririons à la seule
idée d'un Conseil de Cinq-Cents ou d'un Conseil

d'*Anciens*, ou d'un parlement ou de toute autre assem‑
blée nationale, où l'on ne trouveroit que des enfans
à la lisière ou au berceau, ou qui seroient tous à‑la‑
fois malades, fous à lier, sourds, muets, boiteux
ou aveugles ; ou qui tous, la bequille à la main,
seroient chargés de vieillesse ou d'infirmités. Toute
espèce de Gouvernement qui pourroit admettre dans
sa construction, la possibilité d'un seul de ces évé‑
nemens qui frapperoit une législature entière, seroit
pour tous les êtres pensans un objet de risée.
Il seroit également ridicule d'exposer l'exécutif à de
pareils accidens. C'est pourtant la méprisable condi‑
tion à laquelle se trouve toujours exposée, et qui
très‑souvent désorganise la partie exécutive du Gou‑
vernement, quand ce pouvoir exécutif est placé entre
les mains d'un individu héréditaire, appelé roi.
Quand cet individu éprouve un des accidens dont
nous avons parlé, tout l'exécutif est dans le même
cas, infirme, aveugle, ivre ou en délire ; car cet
unique individu est lui seul tout le magistrat, tout
le pouvoir exécutif. N'est‑il pas alors (comme exé‑
cutif), la peinture ridicule de ce que seroit une
législature en lisières, ou boiteuse, ou sourde ou
aveugle : l'un est un tout composé de parties, l'autre
est un tout sans parties : et ce qui peut arriver à l'un,
comme partie ou section du Gouvernement, peut
également frapper l'autre et le désorganiser.

Ainsi donc, comme un exécutif héréditaire, ap‑
pelé roi, est en soi‑même une parfaite absurdité,
l'attachement qu'on pourroit lui porter, seroit com‑
plettement ridicule. Il n'y a là ni instinct ni raison ;

et si cet attachement est ce qu'on appelle *royalisme*
en France, un royaliste ne seroit alors qu'une pauvre
créature d'un degré au-dessous de la sottise; car
enfin qu'est-ce qu'un *être* qui n'agit ni par instinct ni
par raison? Un tel être mérite plutôt notre mépris
que notre pitié. C'est lorsqu'un pareil insensé veut
mettre sa folie *en action*, et la réaliser violemment,
qu'il peut provoquer l'indignation républicaine. Dans
tout autre cas, c'est un être trop méprisable pour
exciter la colère.

Quant à moi, lorsque j'examine une absurdité
aussi frappante, qu'un individu *héréditaire*, pouvoir
exécutif, je puis à peine me permettre de croire que
chez une nation *choisie*, comme la France, qui a un
sentiment profond de sa grandeur, de ses droits et
de la dignité de l'homme, on puisse rencontrer un
animal aussi niais et aussi vil qu'un royaliste.

Comme un coup-d'œil suffit (et nous l'avons déjà
observé) pour se convaincre que toutes les parties
dont un Gouvernement est composé, doivent être
dans tous les tems en parfaite maturité, il n'étoit
point possible que des hommes raisonnables pussent
admettre en formant une constitution, l'hérédité d'un
pouvoir exécutif, ou une législature héréditaire.
Poursuivons.

En rejettant le système héréditaire, l'exécutif,
par élection, doit il être *individuel* ou composé de
plusieurs membres?

L'exécutif individuel, quoique par élection, est un
système presque aussi mauvais que l'exécutif héréditaire, excepté cependant qu'on a beaucoup plus de

thances pour ne pas avoir un idiot à la tête des affaires : cet individu, quelque bien choisi qu'il pût être, ne seroit guère plus qu'un chef de parti, et personne autre que ses courtisans ou les hommes de son parti n'auroient accès auprès de l'exécutif. Comme il ne pourroit consulter personne qui fût son égal, il seroit privé des avantages d'une discussion franche, amicale, égale enfin. Ceux qu'il admettroit à son Conseil ne seroient que des ministres de son choix, des esclaves, renvoyés à l'instant où leurs avis auroient déplu. Il y auroit alors une autorité trop grande et trop d'affaires compliquées à confier à l'ambition ou au jugement d'un seul homme! Ce ne sont pas là encore tous les dangers d'un exécutif individuel! Le soudain changement des mesures du Gouvernement, qui nécessairement arriveroient lors de la retraite de l'exécutif individuel, et la nouvelle administration d'un successeur, entretiendroient les affaires de la nation dans un état d'inquiétude et d'incertitudes perpétuelles.

Quant à l'exécutif *pluralité*, il doit être assez nombreux pour que les objets divers qui se présentent dans le cours d'une administration nationale, de tous les jours et de toutes les heures, puissent être suffisamment discutés, analysés, éclaircis. Et cependant gardez-vous que l'exécutif soit trop nombreux : ce seroit exposer à la publicité les secrets de l'état et les plans de la guerre qui ont besoin d'être cachés à l'ennemi.

L'exécutif composé de plusieurs membres, se trouvant donc ici établi en principes, quel sera

maintenant le nombre utile de notre exécutif - pluralité ?

Trois individus sont trop peu pour suffire à l'im-
mensité et à la variété d'un travail qui ne souffre point
de retardemens.

La constitution en a adopté CINQ; et l'expérience
nous a montré que, depuis la *mise en activité* de
l'acte constitutionnel, jusqu'au moment de l'élection
du nouveau tiers législatif, ce nombre de directeurs,
lorsqu'ils étoient bien choisis, suffisoit à toutes les
affaires nationales du ressort de l'exécutif : ainsi un
plus grand nombre seroit un surcroît de dépense
d'administration très-inutile. Les mesures du Directoire, depuis son installation, ont été bien concertées : leur succès le prouve : et elles ont été bien
concertées, parce qu'elles ont été discutées à fonds.
Le nombre *cinq* est donc un nombre suffisant pour
la discussion, et aussi pour le secret, lorsqu'il s'en
présente un essentiel à garder ; comme dans l'ex-
pédition d'Irlande : le secret a été gardé; le nombre
cinq ne met donc pas en danger les secrets de
l'état.

Je n'ai point une partialité *magique* pour aucun
nombre déterminé; mais quand on peut tirer quelque observation de l'économie de la nature, pourquoi la dédaigner, sur-tout lorsque nous sommes
accoutumés à des comparaisons frappantes entre la
constitution du corps humain et l'organisation du
corps politique.

La nature dans la construction de sa machine,
qu'on appelle homme, a travaillé par le nombre
cinq.

cinq. Nous avons cinq sens. Si nous avions eu besoin de nouveaux sens , elle nous en auroit donné un plus grand nombre. Toutes les extrêmités de la main et des pieds se terminent également par le nombre cinq : nous ne concevons pas qu'on eût besoin d'en avoir six ou un plus grand nombre.

Il est encore un procédé de la nature, digne d'observation ; elle semble désapprouver et rejetter de son travail l'*individualité* ou le nombre *un.* Elle n'a point confié à un sens l'existence de la conservation d'un *sens.* Voir et entendre . deux *sens* principaux, ont doubles organes. Il en est de même du goût. L'odorat, quoiqu'une modification différente , est une sorte de goûter qui avertit le palais qui va goûter. Quant au tact , le sens du toucher est répandu sur toutes les parties du corps humain.

Si l'on objectoit que l'odorat est un sens absolument distinct, et non une modification distincte , et qu'il n'a qu'un seul organe , encore cet organe est-il double ; et ce n'est qu'un sens inférieur , le moins nécessaire et celui de tous les sens dont on pourroit le mieux se passer, si l'on pouvoit rien ajouter ou retrancher aux œuvres de la nature.

Si donc nous prenons pour guide la nature dans l'organisation d'un Gouvernement , nous avons d'abord à repousser l'*individualité* ou le nombre un , à la rejetter du moins de toutes les parties principales de sa constitution. Quant *à la pluralité* , autant suivre sa méthode que d'en composer une autre. C'est précisément ce qu'on a fait en constituant un Directoire de cinq membres , quoiqu'il soit très-probable que l'idée de copier la nature ne s'est point présentée à l'assemblée nationale. La raison pour laquelle les deux Conseils sont nombreux, ne vient pas de la nécessité qu'ils soient nombreux, à cause de la multiplicité de leurs affaires ; c'est bien plutôt pour que toutes les parties de la république se retrouvent et *se sentent*, en quelque sorte dans la représentation nationale.

Quant au principe général de Gouvernement, par représentation, l'excellence de la constitution française consiste dans les moyens qu'elle nous donne de prévenir les abus qui pourroient naître du pouvoir, s'il restoit long-tems dans les mêmes mains. Cette sage prévoyance pénètre toutes les parties de la constitution. Non-seulement la législature est renouvelée par tiers, tous les ans, mais le président des Conseils est renouvelé tous les mois, et chaque année un membre du Directoire, et son président tous les trois mois. Ceux qui ont formé la constitution ne peuvent être accusés de n'avoir travaillé que pour leur intérêt personnel. La constitution, sous ce rapport, est aussi impartialement organisée, que si tous ses auteurs eussent dû quitter la terre aussitôt après avoir achevé leur ouvrage.

Le seul défaut de la constitution est d'avoir trop limité le droit d'élection ; et c'est en grande partie pour ne l'avoir pas assez étendu, que les dernières élections n'ont pas été généralement bonnes. Mes anciens collègues me pardonneront, je l'espère, cette observation, quand ils se rappelleront mes réclamations contre cette limitation, à l'instant où l'acte constitutionnel s'est discuté dans le sein de la Convention.

Je terminerai cette partie de mon sujet par une remarque nécessaire sur des clameurs absurdes et sur un préjugé funeste qui aveugle encore certains esprits ; *une République*, disent-ils, *ne convient qu'à un petit état, et il faut à un grand Empire une monarchie.* Demandez à ceux qui soutiennent cette assertion quelles sont leurs raisons ; ils ne vous en donneront point.

Examinons la chose. Si le besoin d'être bien informé dans un Gouvernement, est proportionné à l'étendue des pays et à la multitude et à la variété des affaires, il suit de-là, comme un résultat qu'on ne peut nier, que ce dogme est absurde et faux, et que c'est précisément le contraire qui est vrai.

Quant à ce qu'on appelle monarchie, si on pouvoit l'adopter pour quelque pays, ce ne pourroit être que pour un état très-petit, où les affaires sont en petit nombre, peu compliquées et telles qu'un seul individu puisse suffire à toutes : mais lorsqu'il s'agit d'un grand état, d'une vaste population, et dont les affaires sont importantes, nombreuses et infinies, c'est le système représentatif et le système républicain seul qui peut réunir dans un Gouvernement, la quantité de savoir nécessaire pour l'administration la plus utile à l'intérêt national. Montesquieu qui penchoit fortement pour le Gouvernement républicain, se mettoit à l'abri des persécutions sous ce dogme absurde ; car il avoit toujours la Bastille devant les yeux, lorsqu'il parloit de républiques, c'est pour cela qu'il *prétendoit* ne pas écrire pour la France. Condorcet se conduisoit avec la même circonspection, mais ce n'étoit chez lui que circonspection seulement; car dès qu'il lui fut permis d'expliquer entièrement sa pensée, il l'a fait. Quand je dis cela de Condorcet, je ne cite qu'un fait dont j'ai pleine connoissance. Dans un papier publié à Paris, en juillet 1792, intitulé *le Républicain, ou le Défenseur du Gouvernement représentatif*, on trouve un morceau signé *Thomas Paine*. Ce morceau fut concerté entre Condorcet et moi. Je l'écrivis en anglais, et Condorcet le traduisit. Son objet étoit d'exposer l'absurdité et la fausseté du paradoxe dont nous avons parlé plus haut.

Après avoir ainsi jeté un coup-d'œil rapide sur l'excellente organisation des pouvoirs constitués et sur la supériorité d'un système représentatif de Gouvernement sur tout autre système (si quelque autre chose peut s'appeler un système,) je parlerai des circonstances qui sont intervenues, entre le tems où la constitution fut établie et l'événement qui a eu lieu le 18 fructidor de l'an 5.

L'aurore d'un beau jour ne chasse pas les ténèbres avec plus de rapidité que l'établissement de la constitution n'a changé en France la face des affaires. La sécurité succède à la terreur, la prospérité à la détresse, l'abondance à la famine, et la confiance nationale augmentoit chaque jour, de plus en plus, jusqu'à l'arrivée du nouveau tiers. Une série de victoires, dont les tems anciens et modernes n'offrent point d'exemple, étonnoit l'univers; les triomphes

(13)

se succédoient trop rapidement pour être comptés, et ils étoient trop nombreux pour qu'on pût se les rappeler tous. La coalition étoit par-tout abîmée et fondue, comme la pelote de neige dans la main d'un géant. A cette époque, la réalité paroissoit un songe et la vérité un roman. Le Rhin et le Rubicon (l'Allemagne et l'Italie) se répondoient par des cris de victoire, et l'écho solemnel des montagnes des Alpes les renvoyoit plus terribles à l'univers étonné.

Je ne veux point déshonorer ici une grande image, en faisant trop d'attention au *gouvernement* anglais. Dans son extrême petitesse, il rampoit, intriguoit, cherchoit quelque salut dans la corruption.

Les innombrables succès de ces jours de triomphe qui tiennent du prodige, peuvent donner des trophées à une nation et des couronnes de gloire à ses vaillans guerriers, mais ils ne tirent tout leur éclat que du principe divin qui les a inspirés, et de leur objet qu'ils ont rempli. La désolation, les chaînes et l'esclavage avoient marqué les progrès des anciennes guerres; avoit-on encore pensé à conquérir pour la liberté? Recevoir la soumission flétrissante d'un peuple malheureux et subjugué, lui permettre insolemment de vivre, c'étoit le principal triomphe des anciens conquérans ; mais accueillir le vaincu comme un frère, briser ses chaînes, lui dire qu'il est libre, et lui enseigner à l'être, n'est-ce pas commencer une ère nouvelle dans l'histoire de l'homme ?

Au milieu de ces triomphes d'une grande nation, de la plus grande des nations, deux ennemis lui festoient encore, tous les deux avoient demandé la paix, en suppliant; l'un de ces ennemis en avoit signé les préliminaires. Arrive alors l'élection du nouveau tiers. Tout lui étoit facile. Tous les obstacles avoient été surmontés avant que le nouveau tiers arrivât au Gouvernement, qui lui présentoit le rameau d'olivier. Ils vinrent dans les premiers jours paisibles de la révolution : ils n'avoient à faire qu'une seule chose, ne point faire de mal.

Il n'étoit cependant pas difficile de prévoir que les élections ne seroient pas généralement bonnes. Les épouvantables jours du règne de Robespierre, tyran chétif et déloyal, glaçoient encore d'effroi tous les cœurs, et la reconnoissance *due* à ceux qui avoient mis un terme à tant de fléaux, n'étoit comptée pour rien. Des milliers de sycophantes qui, par leur approbation passive, pendant ces exécrables tyrannie, n'avoient point souffert, s'attribuèrent le mérite de les avoir seuls combattues. Leur lâcheté, en ne s'opposant point au malheur public, devint à leurs yeux, du courage, quand leur danger personnel fut passé. Ils poussèrent des cris contre le terrorisme, comme s'ils eussent été les vrais républicains qui l'ont anéanti ; et à force d'outrer la modération, ils se rendirent ridicules. Les plus bruyans de ces gens-là que j'aie encore rencontrés, n'ont eu rien à souffrir ; mais ils ont tout fait, dans tous les tems, dans toutes les occasions, et pour tous les hommes ; demandez-leur plutôt, car ils se croient encore tout-puissans, pour nuire à ceux qui ont réellement servi la patrie. Misérables hypocrites ! ils ne s'apperçoivent pas que taire certains services , c'est avoir l'espérance d'en rendre encore de plus grands ; ce furent les vrais républicains qui ont le plus souffert sous la tyrannie de Robespierre , c'étoit bien là mourir deux fois ; la persécution commença contre eux au 31 mai ; elle n'a cessé que par les efforts d'un petit nombre qui restoit encore , et qui avoit échappé à l'homme de proie.

Dans la confusion qui précéda les dernières élections, on pouvoit aisément égarer l'opinion publique : et il étoit presque naturel que l'hypocrite eût en sa faveur le plus de chances pour être élu membre du nouveau tiers. Ceux qui , depuis leur élection ont jeté les affaires publiques dans le plus grand désordre, s'ils avoient osé se déclarer d'avance pour ce qu'ils étoient réellement , auroient été dénoncés , au lieu d'être choisis. La fraude étoit nécessaire à leurs succès. La constitution étoit par-tout acceptée de bonne-foi ; on regardoit la révolution comme complette , et la guerre sur le point d'être terminée. La masse du peuple, fatiguée par une longue révolution , cherchoit le repos , et dans ses élections, elle vouloit des hommes paisibles : on ne trouva malheureusement que des hypocrites. Est-il quelque assemblée primaire qui ait voulu voter la guerre civile ? Non certainement. Cependant les assemblées électorales de quelques départemens ont choisi pour représentans, des hommes , dont les mesures, depuis leur élection , ne tendoient qu'à la provoquer. Ou ces électeurs ont trompé leurs constituans des assemblées primaires, ou les assemblées électorales ont elles-mêmes été trompées dans le choix de leurs représentans.

On peut croire qu'il y avoit dans le nouveau tiers des conspirateurs outrés ; il seroit même très-difficile d'en douter ; mais il est plus raisonnable de supposer qu'une grande partie de ce nouveau tiers fut séduite par la vanité ; ils vouloient mieux faire que ceux qui les avoient précédés. Au lieu de s'en tenir à l'expérience, on tenta des épreuves. Cette contre-disposition les fit tomber dans quelques mesures contraires à d'autres mesures sanctionnées : et cela sans voir, et probablement sans soupçonner le but où ces mesures les entraînoient.

Les membres du nouveau tiers ne furent pas plutôt admis au Corps législatif, que l'attente de ce qu'ils alloient faire, fit naître à-la-fois dans tous les cœurs l'espérance et la crainte ; tous les partis épièrent leurs premières motions ; on les observoit trop sérieusement pour que leurs desseins les plus cachés pussent long-tems échapper à la surveillance. Ils pouvoient alors faire beaucoup de bien ou beaucoup de mal. Une conduite ferme et vigoureuse de leur part, les unissant au Directoire et à leurs collègues , auroit terminé la guerre ; mais il n'y avoit pas un moment à perdre ou à hésiter. Celui qui hésite dans une pareille situation est perdu.

Le premier acte public du Conseil des Cinq-Cents fut l'élection de Pichegru à la présidence de ce Conseil. Il y fut porté par une très-grande majorité , et la voix publique étoit en sa faveur ; j'ai moi-même applaudi à son élection : mais si la trahison de Pichegru étoit

alors

alors connue de Condé , et par conséquent de Pitt ,
on n'a plus à chercher les causes qui ont retardé les
négociations pour la paix. Ils s'imaginèrent que cette
élection de Pichegru à la présidence étoit un signal
de contre-révolution , et ils s'y attendoient. Les hom-
mages qu'on rendoit à Pichegru étoient fondés sur
la confiance qu'on avoit en ses talens , et sur son
intégrité : on s'étoit mépris ; ce n'étoit à leurs yeux
qu'un symptôme de révolte nationale : jugeant les
affaires d'après leurs folles idées de Gouvernement,
on attribua les apparences à des causes étrangères ;
c'étoit pour tous les coalisés *la Comédie des Erreurs* ;
les acteurs ont été chassés de la scène.

Deux ou trois décades des nouvelles sessions se
passèrent sans qu'on s'occupât d'aucun objet impor-
tant : mais les desseins du nouveau tiers commencèrent bientôt à percer de toutes parts. Ce qui frappa
d'abord tous les esprits , fut de ne plus entendre
parler des négociations pour la paix , et de voir toutes
les affaires publiques dans un état de stagnation : le
but des conspirateurs n'étoit pas certainement d'avoir
la paix ; mais comme il étoit nécessaire de cacher
ce dessein perfide , on fouilla , on retourna la constitution pour y trouver quelque prétexte de traîner
en longueur les négociations. Ce fut en vain que le
Directoire leur exposa l'état des finances et les besoins
de l'armée. Le comité chargé de ce travail , dépensoit
un tems précieux à des rapports stériles , et n'obtenoit
de nouveaux délais que pour en présenter de plus
stériles encore. Tout ce qu'il falloit faire à l'instant
étoit négligé ; ce qu'il ne falloit pas faire , on l'es-

C

sayoit. Pichegru lui-même s'occupa de la formation d'une garde nationale pour les Conseils ; c'étoit un vrai signal de guerre. Camille Jordan vint augmenter nos alarmes, avec ses prêtres, ses cloches et sa tendresse pour les émigrés, auxquels il s'étoit associé pendant les deux années qu'il séjourna en Angleterre. Villot et Delarue attaquèrent formellement le Directoire. Ils vouloient chasser quelques-uns de ses membres pour y placer des créatures dévouées. Leurs motions, par rapport à l'âge de Barras (qui compte autant d'années qu'il peut en desirer, et qui certes, pour ces messieurs, a un peu trop long-tems vécu), étoient remplies de fiel. On y voyoit par-tout les desseins, la joie et l'espérance des conspirateurs.

Les affaires étoient suspendues ; tous les citoyens remplis de craintes, s'agitoient, s'alarmoient chaque jour davantage : et sans trop savoir ce qu'il pourroit être, on s'attendoit à quelque événement extraordinaire. On voyoit bien, car on ne pouvoit s'empêcher de le voir, qu'il étoit impossible que les affaires restassent long-tems dans un tel état de stagnation : mais on craignoit une convulsion. Ce ton de plaisanterie et de persiflage, auquel on s'étoit livré trop librement, lorsqu'on se croyoit en sécurité, et que les nouveaux agens avoient pris sans doute pour une entière indifférence sur le succès de la République, devint tout-à-coup un langage très-sérieux, et si grave qu'il ne laissoit à la conspiration aucun espoir d'être secondée : et elle alla plus loin encore ; elle se jetta dans de nouvelles entreprises avec la même défaveur : plus elle avançoit vers son

but, plus la nation se séparoit d'elle. Les conspirateurs ne virent plus rien autour d'eux qui pût les
encourager.

Cependant l'obstination avec laquelle la conspiration persévéroit dans ses attaques réitérées contre
le Directoire, dans ses projets de lois en faveur des
émigrés et des prêtres réfractaires, et dans tout ce
qui étoit contraire au salut immédiat de la République,
et pouvoit servir à encourager les coalisés à pro-
longer la guerre, ne laissoit plus aucun doute que,
dans le Conseil des Cinq-Cents, il n'y eût vraiment
quelque levain caché de pourriture et de corruption.
Leurs machinations devenoient chaque jour trop
visibles pour n'être pas apperçues, et trop fortes pour
qu'on en pût rendre compte. Ne fussent - ce même
là que des erreurs, pour ne rien dire de plus, ils
n'auroient point droit à l'indulgence ; car lorsqu'on
prend en main le timon des affaires publiques, et
que le besoin de connoître l'art de gouverner est
un devoir, l'ignorance est un crime.

Les plus sincères républicains qui avoient bien
plus de moyens que la multitude de connoître à
fond les dangers de la patrie, commencèrent à
s'alarmer et à se réunir en cercle constitutionnel.
C'est la seule société en France dont j'aye été membre :
j'y allai, parce qu'il étoit alors nécessaire que les
amis de la liberté se ralliassent sous l'étendard de la
constitution. J'y rencontrai nombre de vieux amis de
la liberté, les anciens patriotes de la révolution : je
ne veux point parler des jacobins de ces derniers
tems, mais de ceux qui avoient formé les premières

sociétés d'hommes libres ; la faction du Conseil des Cinq-Cents ne trouvant plus au-dehors aucun appui, commença bientôt à trembler à son tour ; et pour se débarrasser des craintes que lui inspiroit le cercle constitutionnel, elle fit une loi pour le dissoudre. La constitutionalité de cette loi étoit au moins douteuse, mais le cercle, pour ne point donner le fatal exemple d'exaspérer des esprits déjà trop enflammés, cessa tout-à-coup ses réunions.

Une autre affaire bien plus importante, se présenta bientôt après ; c'étoit la marche de quatre régimens : quelques-uns d'entr'eux, dans la route de leur destination, avoient, dit-on, franchi de quelques pas, les douze lieues du rayon parisien, que la constitution assigne à la force armée, pour se tenir éloignée du Corps législatif. En toute autre circonstance, on n'y eût pas fait la moindre attention : mais les conspirateurs sont toujours prompts à soupçonner qu'on les a découverts. La crainte que la faction du Conseil des Cinq-Cents manifesta en cette occasion, ne fût jamais venue à des hommes innocens : des hommes innocens n'auroient point mis tant d'aigreur dans leur message au Directoire à ce sujet. Les questions, dont ils le pressoient, avoient pour but évident de le forcer à découvrir et faire connoître à l'ennemi quelle étoit la destination des troupes. Les chefs de la faction conçurent que ces troupes marchoient contre eux, et la conduite qu'ils adoptèrent sur-le-champ eût suffi pour justifier cette mesure, si jamais elle eût été prise. Quel autre motif que la conscience de leurs desseins perfides eût pu leur inspirer d'aussi terribles alarmes. Ces mêmes troupes qui étoient en mouvement, avoient été dans tous les tems les braves défenseurs de la République et les amis déclarés de la constitution : il en étoit ainsi du Directoire : si la faction n'avoit pas eu quelques desseins pervers, elle n'auroit eu ni crainte ni soupçon.

Toutes ces manœuvres se tramoient dans les Conseils, toujours sous les prétextes les plus spécieux de maintenir la constitution : ces professions d'amour et de ferveur affoiblissoient nécessairement leurs projets. Il est extrêmement difficile et presque impossible d'organiser une grande conspiration et de la conduire à un plein succès dans un gouvernement populaire. Les prétextes feints ou déguisés dont on est alors obligé de se servir en face du public, suppriment l'action des facultés de l'ame, et donnent même au courage naturel tous les caractères de la timidité. On perd la moitié de soi-même dès qu'on a besoin de se déguiser : il est impossible d'être au même instant hypocrite et brave,

La faction, par l'imprudence de ses mesures sur la marche des troupes et sur les déclarations généreuses des officiers et des soldats pour défendre la République contre toutes les atteintes ouvertes ou cachées qu'on voudroit lui porter pour la détruire, en étoit venue en quelque sorte aux prises avec l'armée, et en effet elle s'étoit déclarée contre elle. On proposoit des lois pour admettre au rang des citoyens libres des émigrés et des prêtres réfractaires, et en même-temps on proposoit d'autres lois pour exclure de Paris les militaires et pour punir les soldats qui s'étoient prononcés hautement les défenseurs de la République. Et cependant toutes les négociations pour la paix étoient traînées en longueur; et l'ennemi recrutant ses armées avec une activité nouvelle, différoit sans cesse de conclure, pour tirer avantage des circonstances. Excepté la cessation des hostilités, c'étoit un état pire que la guerre.

Si ce n'étoit pas là une conspiration, cette conduite opiniâtre en avoit du moins tous les caractères, et devoit enfanter les mêmes malheurs. Les yeux de la faction ne pouvoient s'empêcher de s'ouvrir sur les dangers auxquels leur conduite exposoit la République, et ils y persistoient.

Pendant cette crise, tous les journaux dévoués à la faction annonçoient à l'envi des nouvelles de paix avec l'Autriche et l'Angleterre, et souvent même ils assuroient que la paix étoit conclue. Ces mensonges n'avoient d'autre but que d'écarter les regards du peuple des dangers qui menaçoient la patrie.

Résumant toutes ces circonstances; il étoit impossible qu'un tel état de choses pût durer long-temps. On résolut enfin d'y mettre un terme. On a quelques raisons de croire que l'affaire du 18 fructidor (4 septembre) seroit arrivée deux jours plutôt; mais en se rappelant que c'étoit le 2 septembre, un jour de deuil dans les annales de la révolution, on différa le coup décisif. Quand on en vint au dénouement, la faction s'apperçut trop tard, par sa ruine entière, qu'elle n'avoit dans la nation aucun appui. Elle avoit cherché ses désastres, on lui en laissa supporter toutes les conséquences; les ennemis étrangers, comme ceux de l'intérieur, furent obligés de voir dans l'événement du 18 fructidor, que toute espérance de secours de la part des citoyens, pour aider à faire une contre-révolution, n'étoit qu'une chimère. Dans un état de sécurité, l'insensé qui avoit tremblé d'effroi sous le règne décemviral, pouvoit plaisanter sur les principes de la liberté ; car en effet on a plaisanté ; mais il y a loin encore d'une plaisanterie insensée à l'abandon total de la liberté.

Considérant le 18 fructidor sous un point de vue politique, c'est un de ces événemens qu'on ne peut justifier que par la loi suprême d'une absolue nécessité : et l'on doit déplorer cette nécessité, abstraction faite de l'événement ; car l'événement en soi-même est très-heureux. Soit que les manœuvres, dans le Conseil des Cinq-Cents, fussent la conspiration d'un petit nombre, aidée de la perversité de plusieurs, ou soit qu'elles eussent de plus profondes racines, les dangers étoient les mêmes. Il étoit impossible de terminer les affaires : tout étoit suspendu, affaires publiques et particulières ; stagnation universelle : il s'agissoit de savoir si la République seroit détruite par les manœuvres obscures d'une faction, ou si la République seroit sauvée par une mesure extraordinaire.

Pendant la révolution américaine, et même après que les diverses constitutions des Etats-Unis furent sanctionnées, on fut obligé d'employer des mesures étrangères à l'acte constitutionnel, qui, dans un temps de paix, n'eussent été que des pratiques de trahison. Dans telle circonstance, le Congrès investit le général Washington du pouvoir dictatorial : dans un autre temps, le gouvernement de Pensylvanie se suspendit, et proclama la loi martiale. C'étoit le malheur des temps qui justifioit ces mesures extra-constitutionnelles. Mais qui faisoit naître en France la nécessité de semblables mesures ? une faction ! au milieu de la propérité nationale, et des succès de toutes les armées de la République. Sa conduite est inexcusable. Ces mesures extraordinaires ne sont tombées que sur la faction : le peuple n'en a point souffert. S'il y a des hommes plus disposés que d'autres à ne point agir avec sévérité, j'ai droit de me compter de ce nombre là : tonte ma vie politique le prouve. Cependant, je ne puis dire, en réunissant tous les faits, quelle autre chose, ou quelle autre chose de mieux on auroit pu faire qui n'ait pas été fait. Ce fut un grand coup porté dans une grande crise, qui détruisit en un instant, et sans qu'il en coûtât la vie à un seul homme, toutes les espérances de l'ennemi, et qui rendit la tranquillité à l'intérieur.

L'événement fut annoncé par deux coups de canon, à quatre heures du matin : il n'y eut pas d'autre bruit pendant toute la journée. Ce canon d'alarme excita naturellement quelque mouvement parmi les Parisiens pour en connoître la cause. Ils la surent bientôt ; et l'on sent aisément l'effet qu'elle produisit : c'étoit la contenance d'un peuple qui depuis assez long-tems oppressé par les craintes de quelque terrible événement, se sentoit tout-à-coup soulagé d'un pesant fardeau, en apprenant que les dangers qu'ils craignoient étoient passés. Chacun alla à ses affaires,

on

ou se livra tranquillement à sa curiosité. C'étoit la tranquillité délicieuse du jour où Louis XVI prit la fuite, et cet événement servit comme ce jour-là à ouvrir les yeux de la nation.

Si nous passons en revue les événemens divers, les conspirations et les mouvemens qui se sont succédés pendant cette révolution, nous verrions combien ces premiers mouvemens ont perdu de leur force, et combien les conséquences de ces dernières commotions sont devenues moins funestes. Le 31 mai, et ses conséquences ont été terribles. La révolution des 9 et 10 thermidor, quoique très-glorieuse pour la République, en ce qu'elle renversa le plus horrible et le plus cruel despotisme qui jamais eût ravagé la terre, fut cependant suivie d'une réaction sévère et prolongée. Les commotions de germinal et de prairial de l'an 3, et celle de vendémiaire de l'an 4, furent de plusieurs degrés au-dessous des révolutions qui les avoient précédées, et ne frappèrent qu'une foible partie de la nation. La conspiration de Pichegru et de ses complices fut soudain anéantie, et sans avoir versé une goutte de sang, et sans avoir enveloppé dans sa ruine un seul citoyen. Ces événemens classés successivement, marquent les progrès de la République, qui s'éloigne du désordre, et qui marche vers un état de stabilité. C'est le contraire aujourd'hui dans la Grande-Bretagne Les révolutions y sont maintenant dans une échelle ascendante ; un nouveau mouvement est toujours plus fort que celui qui le précède : mais le plus terrible de tous, c'est l'*invisible* mouvement de la banque : il opère en silence comme le tems, et la mort du corps politique est inévitable. On peut guérir tous les maux de la France ; les vieilles plaies de la banque d'Angleterre sont incurables.

Laissons la journée de fructidor se justifier soi-même par la nécessité qui la fit naître et devenir immortelle par les heureux effets qu'elle a produits ; jettons un coup-d'œil sur l'état présent des affaires.

Nous avons vu par les retards spécieux des négociations, qu'on ne devoit rien attendre des coalisés dans l'état où étoient les affaires avant le 18 fructidor. Les armées, avoient opéré des prodiges ; mais ces prodiges devenoient infructueux dans les mains flétrissantes d'une misérable faction. De nouveaux efforts sont nécessaires pour réparer tous les maux qu'elle a causés. Les corps électoraux , dans quelques départemens, qui, par un choix sans jugement, ou par les effets de la corruption, ont envoyé à la législature des députés incapables , ineptes ou indignes, ont quelque expiation à faire envers la patrie. C'est par eux que le mal est né, le moins qu'on en puisse attendre, c'est de les voir les premiers à le réparer.

Mais à quoi bon se lamenter sur des maux qui ne sont plus ? Ni virilité ni politique dans la douleur. Et il arrive souvent qu'une erreur en politique, comme une erreur à la guerre, amène des avantages qu'on n'eût jamais obtenus, si la faute n'eût pas été commise. L'ennemi encouragé par cette erreur, présume trop de ses forces ; le contre-coup le terrasse. L'Angleterre incapable de conquérir , s'est abaissée à corrompre ; mais toujours vaincue malgré son or et ses perfidies , elle se trouve dans une situation pire qu'auparavant. Toujours augmentant ses crimes , elle en va comblant la mesure , et multiplie les sacrifices qu'il lui faudra faire pour obtenir la paix. Il n'y a que la stupidité la plus obstinée qui ait pu l'empêcher de saisir l'occasion favorable qu'elle avoit sous la main. Quelle heureuse perspective ! de nouvelles dépenses pour l'Angleterre, qui est maintenant, pour me servir de l'expression méthaphorique de M. Pitt contre la France, *non-seulement sur le bord , mais dans le gouffre même de la banqueroute.* Il n'y a plus de mystères dans le papier-monnoie. Qu'on l'appelle assignats , mandats , billets de l'échiquier ou billets de banque , le temps a résolu le problême , et l'expérience lui a marqué sa destinée.

Le gouvernement de ce malheureux pays montre tant de mauvaise foi , que la paix , quelles qu'en soient les conditions , mérite à peine d'être signée. De quelle utilité peut être la paix avec un gouvernement qui n'emploieroit cette paix qu'à rétablir ses finances épuisées et son crédit anéanti , que pour recommencer la guerre ? Quatre fois, en moins de dix ans, depuis que la guerre américaine est terminée, le gouvernement *anglo-germanique* de la Grande-Bretagne a suscité de nouvelles guerres. D'abord avec la France , au sujet de la Hollande, en 1787 ; ensuite avec la Russie ; une autre guerre avec l'Espagne, pour le détroit de Nootka ; et une autre fois encore la guerre contre la France, pour anéantir sa révolution. Quelquefois ce gouvernement employé la Prusse contre l'Autriche ; en d'autres tems l'Autriche contre la Prusse ; et toujours l'une ou l'autre puissance, ou toutes les deux à-la-fois contre la France. La paix est fort bonne de soi, j'en conviens ; mais avec un pareil gouvernement la paix, sa paix toujours perfide, est cent fois plus dangereuse que ses guerres d'extermination.

Pourquoi, dans le dernier siècle, les guerres de la part du gouvernement anglais ont elles été bien plus fréquentes qu'auparavant? Ce doit être l'effet d'une cause qui n'existoit point avant cette époque. Cette cause là n'est pas difficile à découvrir. C'est le fatal *composé* d'un électeur du corps germanique et d'un roi d'Angleterre : réunion monstrueuse qui doit nécessairement d'un jour à l'autre devenir pour la France l'objet de la plus sérieuse attention : qu'une nation n'ait pas le droit de s'immiscer dans le gouvernement *intérieur* d'une autre nation, c'est une chose admise ; et sous ce point devue, la France n'a aucun droit de dicter à l'Angleterre quelle sera la forme de son gouvernement. S'il lui plaît de se servir de ces machines qu'on appele rois, et que son roi soit une pierre, un homme ou un âne, permis à l'Angleterre ; cela ne regarde point la France. Mais qu'un électeur du corps germanique soit en même-tems roi d'Angleterre, c'est un cas *extérieur* et continental, dont la France et toutes les autres nations qui en souffrent des inconvéniens et des injures, ont droit de s'occuper.

C'est évidemment de ce malheureux *composé* d'un électeur et d'un roi, que sont nés presque tous les troubles qui ont désolé le continent de l'Europe : et par rapport à l'Angleterre, c'est la cause de son immense dette nationale , la ruine de ses finances et l'insolvabilité de sa banque. Toutes les intrigues sur le continent, lorsque l'Angleterre y a pris part, ou qu'elle en a été enveloppée , ont été enfantées, tramées et consommées par ce *composé* anglo-germain : il faut rompre cette coalition fatale : que l'électeur d Hanovre se retire dans son électorat, et le monde sera en paix.

L'Angleterre elle-même a donné plusieurs exemples de son intervention dans des cas semblables; encore y avoit il d'énormes différences : ici le continent a souffert, est inondé de sang; là on craignoit seulement la possibilité d'une injure à venir. L'Angleterre s'engagea dans une guerre longue et dispendieuse contre la France (la guerre de la succession ,) pour empêcher que le petit fils de Louis XIV ne fût roi d'Espagne ; parce que , disoit-elle, cette alliance *m'expose* à de grands dangers ; et depuis elle a toujours combattu et intrigué contre ce qu'on a appelé le *pacte de famille.* En 1787 , elle menaça le continent de lui déclarer la guerre pour s'opposer à une liaison entre la France et la Hollande : et même aujourd'hui , dans toutes ses propositions, elle dicte des séparations : mais si elle tournoit ses regards sur elle-même , sur son pacte anglo-germanique , appelé la succession d Hanovre , elle ne pourroit s'empêcher de voir que tôt ou tard la France , nécessairement , doit prendre ce pacte anglo-germanique dans la plus haute considération , et faire , du retour de l'électeur d'Hanovre à son électorat, une des conditions de la paix. Il n'y a point à espérer de paix durable entre les deux pays que cela ne soit fait, et le plutôt sera le mieux, pour le commun avantage des deux nations.

Je ne me suis jamais trouvé nulle part où l'on ait agité cette question, qu'elle ne se soit montrée sous le même point de lumière où je la présente ici : Barthélemy lui-même, quand il arriva au Directoire (et Barthélemy ne fut jamais fameux pour son patriotisme,) convint en ma présence, et aussi en la présence du citoyen Derché (le secrétaire de légation à Lille,) que la réunion d'un électeur d'Allemagne dans la personne d'un roi d'Angleterre, étoit fort nuisible à la France. Je suis loin cependant de vouloir entraver par là des négociations de paix (*quand l'auteur écrivoit, les négociations de Lille n'étoient pas rompues.*) Le Directoire a donné son *ultimatum* : si l'ultimatum est rejeté, l'obligation d'y adhérer n'existe plus : il peut en proposer un autre. Pitt a si bien su profiter des circonstances heureuses qui se sont offertes d'elles-mêmes, pour signer une paix honorable, que chaque négociation nouvelle s'est terminée par des conditions toujours plus sévères pour lui que celles qu'on lui avoit d'abord proposées. Quand le Directoire auroit payé largement M. Pitt pour le servir, le ministre de Georges n'auroit pas travaillé plus heureusement pour les intérêts de la France républicaine ; il la sert comme dans la cause de l'Amérique, le lord North, qui finit les affaires par soulager son maître du poids d'une couronne.

P. S. Le père de M. Pitt, lorsqu'il étoit membre de la chambre des communes, se récrioit un jour, pendant la dernière guerre , contre les dépenses énormes et ruineuses où étoit entraînée l'Angleterre par ses liaisons germaniques, dont la succession d'Hanovre étoit la source : *La Grande - Bretagne, s'écria-t-il, est-elle enchaînée , comme un autre Prométhée, à l'aride rocher d'Hanovre , pour que l'aigle impérial dévore, à chaque instant, ses entrailles renaissantes.*

(CE QUI SUIT A ÉTÉ ÉCRIT APRÈS LA RUPTURE DES NÉGOCIATIONS A LILLE.)

L'ultimatum du Directoire offroit des conditions de paix beaucoup plus modérées que le gouvernement d'Angleterre n'avoit droit d'en attendre. Ce gouvernement , le provocateur de la guerre , et *le premier qui ait commencé les hostilités*, en renvoyant l'ambassadeur Chauvelin (1) , avoit parlé antérieurement de

(1) Il fut stipulé dans le traité de commerce entre la France et l'Angleterre , conclu à Paris , que le renvoi d'un ambassadeur de l'une des parties seroit regardé par l'autre puissance comme un acte d'hostilité. La déclaration de guerre (février 1793) par la Convention dont j'étois membre alors (et je connois à fond toutes les circonstances de cette déclaration) fut faite exactement en conformité avec cet article du traité de Paris : car on ne fit pas une déclaration de guerre *contre* l'Angleterre , mais une simple déclaration que la République française *étoit en guerre* avec l'Angleterre. Le premier acte d'hostilité ayant été commis par l'Angleterre , la déclaration fut faite immédiatement après le retour de Chauvelin en France , et en conséquence de son renvoi. M. Pitt devroit se faire un peu mieux instruire de l'état des choses qu'il ne l'est , avant d'étaler en pure perte tant de beaux morceaux d'éloquence sur l'aggression de la France commettant les premières hostilités, et sur le renvoi de Malmesbury qui n'étoit alors en France qu'en *visite* et par *permission*.

demander à la France , *indemnité pour le passé , et sûreté pour l'avenir.* La France auroit pu rétorquer l'argument, et faire à son tour , à l'Angleterre , les mêmes demandes : mais elle ne l'a point fait. Ce fut l'Angleterre que sa banqueroute força la première à solliciter la paix, et cependant la France la lui offrit, à la simple condition pour l'Angleterre de rendre les îles qu'elle avoit prises. L'ultimatum a été rejeté : les négociations sont rompues : les républicains en France se sont écriés : *tant mieux.*

Ce que le peuple anglais peut ressentir de la rupture des négociations , rupture qu'il doit toute entière aux actes de son gouvernement , il le sait mieux que personne, et je n'ai pas besoin là-dessus de beaucoup m'étendre ; mais d'après ce que je sais des deux nations , la France me paroît devoir être très-indifférente sur un traité de paix *avec le gouvernement* d'Angleterre. Chaque jour amène de nouvelles forces à la république de France et de nouveaux embarras à son ennemi. Les ressources de l'une augmentent à proportion que les forces de sa rivale s'épuisent. L'Angleterre est maintenant réduite au système du papier-monnoie dont la France vient de sortir, et nous connoissons l'inévitable destinée d'un pareil système. Ce n'est pas une victoire remportée sur quelques vaisseaux, comme la victoire navale de Duncan sur les côtes de la Hollande, qui peuvent donner le moindre crédit à un papier-monnoie. A la nouvelle de ce triomphe si vanté en Angleterre , les fonds ne s'élevèrent pas d'un denier. Le gouvernement multiplioit les réjouissances , mais ses créanciers gardoient un morne silence.

Il est difficile de trouver quelque motif (à moins de l'attribuer à un excès de folie ou à une tête en délire) à la conduite du gouvernement anglais. Tous les calculs et toutes les prédictions de M. Pitt ont réussi en sens contraire. Cependant il prédit encore. Il avoit prédit, avec toute l'assurance d'un jésuite illuminé, que la France seroit banqueroutière dans quelques mois. Quant à la banqueroute qu'il présageoit, il avoit raison ; il ne se trompoit que sur l'endroit où elle auroit lieu ; car la banqueroute arriva en Angleterre quand les paroles de Pitt *étoient encore chaudes sur ses lèvres.* Pour savoir exactement ce qui doit arriver, il ne faut connoître que les prédictions de M. Pitt. Le singulier prophète ! le contraire de ce qu'il prédit arrive.

Telle est la déplorable situation où se trouve aujourd'hui l'Angleterre ; les difficultés d'une guerre à soutenir sont énormes pour la nation ; mais les difficultés qui accompagneroient nécessairement la paix ne sont pas moins grandes pour le gouvernement. Tant que la guerre continue , M. Pitt a quelque prétexte de fermer la banque : mais comme ce prétexte ne peut durer plus long-tems que la guerre, il craint une paix qui exposeroit la banqueroute absolue du gouvernement, et qui dévoileroit à une nation trompée les effets désastreux des mesures employées par son gouvernement. La paix seroit pour lui le jour d'un compte à rendre, et il évite ce jour-là comme un débiteur insolvable fuit la rencontre de ses créanciers. La guerre lui fournit mille prétextes de puiser dans toutes les bourses ; la paix ne lui en laisse au-

cun, et il est alarmé de ses conséquences. Sa conduite dans les négociations à Lille s'explique aisément.
Ce n'est point pour l'intérêt de la nation anglaise qu'il
demande à garder quelques îles conquises : car, en
effet, qu'importent quelques îles à une nation qui en
a déjà trop pour son intérêt particulier ; ou que sont-
elles en comparaison des dépenses d'une autre cam-
pagne, dans l'état de dépréciation où sont aujour-
d'hui les fonds anglais ? Encore est-il certain qu'il
faudra rendre ces îles conquises. Non, ce n'est point
pour l'intérêt de l'Angleterre qu'il insiste sur cette
demande. Ce n'est que pour lui seul. C'est comme
s'il disoit à la France : Donnez-moi quelque *prétexte* ;
sauvez-moi de la honte, j'ai à rendre tout-à-l'heure
un compte général.

Tous ceux qui connoissent le gouvernement anglais
savent qu'il n'est point de ministre qui ne craigne, à
la fin de la guerre, le compte à rendre (le *winding-up*) ;
c'est l'arrêté définitif de toutes les dépenses pendant
la guerre. Aucun ministre n'a pu redouter ce jour-là
comme M. Pitt. L'enfant qui s'est brûlé à la lumière
craint d'en approcher ses doigts, et c'est le cas de
M. Pitt.

Le *winding-up*, ou le compte à rendre à la fin de la
guerre d'Amérique, fut si considérable, que n'étant
point la cause personnelle de M. Pitt, et quoiqu'il fût
arrivé au ministère avec la plus grande popularité, il la
perdit alors toute entière, pour avoir osé entreprendre,
même pour un autre, le travail si délicat d'un
compte général à rendre à une nation, qui n'est pas
toujours aveugle. D'après ce qui lui est arrivé pour

avoir entrepris le compte général de son prédécesseur, que ne doit il pas appréhender pour lui-même, en présentant son *winding-up*, son compte général ! Tous ceux dont les affaires sont désespérées, craignent le jour fatal d'un compte à rendre, et M. Pitt, comme ministre, est certainement dans ce cas-là.

Mais pourquoi s'occuper aussi long-tems d'un ministre, lorsqu'il s'agit des plus grands intérêts ? Examinons en grand l'état politique de la France et de l'Angleterre. On verra que l'Angleterre, si l'on compare ses forces avec les forces de la République française, lorsque les deux nations en viendront au point d'employer tous leurs moyens, n'a aucune espérance de succès. Les efforts que fit l'Angleterre dans le siècle dernier, n'étoient point le résultat d'une *force naturelle*, mais d'*anticipations artificielles*. Elle endetta la postérité, et dévora dans une génération les ressources et les espérances de plusieurs générations à venir, jusqu'à ce qu'enfin on ne pût aller plus avant. Il en est bien autrement de la France. L'étendue de son territoire et sa nombreuse population, rendent léger le même fardeau qui écraseroit l'Angleterre. Ce n'est pas le poids du fardeau, mais le nombre de ceux qui ont à le porter ensemble, qui rendent le fardeau plus ou moins léger. Un impôt territorial de la moitié moins par livre que l'impôt territorial de l'Angleterre, fourniroit au trésor public quatre fois plus de revenu que l'Angleterre n'en pourroit produire. C'est-là une échelle facile à comprendre, et qui peut servir à calculer toutes les autres branches du revenu que produiroit la république dans un moment de lutte nationale. Jugez donc par-là de la différence de la force *intérieure* des deux nations !

L'Angleterre est forte par sa marine ; mais cette marine lui coûte par an près de huit millions sterlings, (cent quatre-vingt-douze millions de livres tournois) et c'est une des causes qui ont précipité sa banque-route. L'histoire des *navy-bills*, ou billets de marine, le prouve suffisamment ; mais quelle que forte que soit l'Angleterre par sa marine, les destinées d'une puissance navale se décident à la fin par la force *intérieure* dont une nation peut disposer, pour donner à sa marine la plus grande étendue : et la France est en état de supporter une marine deux fois plus considérable que celle de l'Angleterre, avec la moitié moins de dépenses pour chaque citoyen qu'il n'en coûte aujourd'hui à l'Angleterre pour entretenir ses flottes. Nous savons tous qu'on ne met pas une marine sur pied aussi promptement qu'une armée : mais comme la durée d'un bâtiment, d'un vaisseau de ligne, en prenant le moyen terme, si l'on suppute à-la-fois les dépérissemens que le tems amène, les tempêtes, l'inclémence des saisons, mille accidens et toutes ces circonstances, est à peine de vingt ans ; il faut, à cette époque, renouveler sa marine toute entière : et, certainement, la France, sous peu d'années, peut créer et entretenir une marine deux fois plus forte que celle de l'Angleterre. La conduite du gouvernement anglais pourroit l'engager à le faire.

Mais à quoi peuvent servir des vaisseaux de ligne ? à faire des invasions ou à les prévenir. Considérez-les *commercialement*, ce sont des pertes. Ils

donnent aux pays qui les ont une protection bien foible
et très-peu avantageuse , si l'on calcule les dépenses
nécessaires pour les entretenir , et ils insultent le
commerce des nations neutres.

Durant la guerre américaine , on s'occupa d'une
neutralité armée : son exécution fut embarrassante ,
dispendieuse , et ne produisit aucun effet. Voici
donc le problême qui reste à résoudre : *le commerce
ne contiendroit-il pas en soi les moyens nécessaires pour
se protéger ?* Oui , certainement, si les nations neutres
employoient ces moyens avec sagesse.

Au lieu d'une *neutralité armée* , il faudroit une
neutralité désarmée. On définiroit d'abord , ce qui seroit facile , les droits des nations neutres. Ce sont tous
les droits qui sont exercés par les nations dans leurs
correspondances et leurs relations de tout genre les
unes avec les autres en tems de paix , et qu'on ne doit
pas, et qu'on ne peut justement interrompre , quand
la guerre s'allume entre deux ou plusieurs puissances.

Quels seroient les moyens des nations neutres pour
faire respecter leur pavillon , si l'on adoptoit en principe la neutralité *désarmée ?* La neutralité a pour but,
qu'elle n'atteint jamais , de se faire respecter en me-
naçant l'agresseur d'avoir un ennemi de plus à com-
battre. La neutralité désarmée obtiendroit les respects
des puissances belligérantes , par des moyens bien
plus faciles et plus sûrs.

Il faudroit que les nations neutres formassent entre
elles un pacte honorable de fidélité les unes envers
les autres , et qu'elles déclarassent publiquement au
monde entier que si quelque puissance belligérante

saisissoit ou molestoit quelque bâtiment ou vaisseau
appartenant aux citoyens ou sujets des nations neutres,
toute la confédération fermeroit ses ports au pavillon
de l'agresseur, et qu'on ne permettroit ni aux produits de son sol, ni à son commerce interlope, ni à
ses manufactures, à rien en un mot qui pourroit lui
appartenir, d'entrer dans aucun des ports de l'associa-
tion, jusqu'à ce que la réparation de l'injure eût été
entière. Cette réparation seroit de trois fois la valeur
du bâtiment et de sa cargaison : il faudroit encore que
les remises d'argent, bons ou lettres de change, ces-
sassent par-tout d'être payés à la nation offensante,
tant que la réparation de l'injure ne seroit pas con-
sommée ; si les nations neutres faisoient cela seulement, ce qu'il est de leur intérêt particulier de commencer le plutôt possible, l'Angleterre, comme nation dépendante du commerce des nations neutres
en tems de guerre, *n'oseroit pas* les molester, et
la France *ne le voudroit pas*. Mais tant qu'il sera
vrai que par l'absence d'un système uniforme et
commun elles permettront individuellement à l'Angleterre de le faire, parce qu'individuellement elles ne
sont pas en état de lui résister, elles mettent la France
dans la nécessité de faire la même chose. La première
des lois, la loi suprême, est d'abord de se conserver.

Comme le commerce des nations neutres seroit
ainsi protégé par des moyens que le commerce ren-
ferme en soi par sa nature, toutes les opérations na-
vales de la France et de l'Angleterre seroient alors res-
serrées dans un cercle d'action qui les regarderoit
seules ; et dans ce cas, il ne faudroit pas avoir besoin

d'un grand esprit de prophétie pour assurer que la France emporteroit à la fin l'avantage.

Quand s'occupera-t-on de cette *neutralité désarmée?* Le plutôt fait sera le mieux pour le bonheur des deux nations rivales, et pour le commerce de toutes les nations.

THOMAS PAINE.

Contraste Insuffisant

NF Z 43-120-14